Ruf
der
Seele

- dein inneres Licht leuchtet dir -

Köln, Januar 2018

© 2016 Gabriele Nowotzki

Die Nowotzki Methode®

Herstellung und Verlag:

BoD – Books on Demand, Norderstedt

ISBN   9783746066479

Nach innen wenden

In der Regel führen wir heutige Menschen verstärkt ein nach außen gerichtetes Leben. Kurz genannt seien hier nur soziale Netzwerke, Mode u.v.a.m.. Innere Zusammenhänge im Menschen selbst sind in unserem Kulturkreis oft dem Blickfeld entschwunden.

Dieses Buch will **Anregung** sein, sich den Themen des Lebens, Lebenssinn und -ausrichtung zu widmen sowie Inspiration geben, sich dem Leben, sich selbst zu stellen.

Gemäß der Einheit des Menschen aus Körper, Seele und Geist, wird in den folgenden Seiten sowohl diesem Ruf wie auch den damit verbundenen inneren Zusammenhängen ein Raum gegeben.

Die Texte mögen Neugierde wecken und dem Leser helfen, sich auf sein eigenes Innere einzulassen.

Eine **persönliche Hinwendung** nach innen, verbunden mit einem bewussten Einlassen auf den nachfolgenden Inhalt, übermittelt dem Leser **ein großes Geschenk**: die Begegnung mit sich selbst.

Dies wiederum ist die Basis für eine andere Sicht der Dinge und des Lebens.

Kommen Sie mit!

Probieren Sie es aus!

Dem Ruf folgen

Lebenszyklus

Einige Menschen verspüren den Ruf in gewissen Lebensphasen, z.B. in einer Krankheit oder in einer allgemeinen großen, andauernden Unzufriedenheit.

Sie ahnen, spüren, irgendetwas stimmt so nicht, wie ich derzeit lebe. Dieser Ahnung, diesem inneren Ruf folgend, werden wir durch Umbrüche im außen hin zu neuen Einsichten geführt.

Achten und **Bejahen** wir den Ruf, machen wir uns auf, zu einer Begegnung mit uns selbst. Wir wenden uns nach innen, um unser Inneres zu erspüren, um auf es **zu hören**.

Diese Zeit ist z.B. vergleichbar mit der Natur, wenn sich dort der Lebenssaft wieder in die Wurzeln für eine Weile zurückzieht. Dort wird er in dieser Zeit gebraucht. Im Außen fällt dann das Vertrocknete ab.

So auch bei dir, verbunden mit dir selbst, die Aufmerksamkeit auf dein Inneres gerichtet, fällt dann von dir ab, was nicht mehr stimmig ist in deiner augenblicklichen Lebenssituation.

Nach einiger Zeit, wenn du wieder aus dieser Situation, aus diesem Findungsprozess heraus bist, treibt dein Saft wieder in übertragenem Sinn in die Äste. Jetzt werden auch im Außen die neuen Triebe und später die Blätter sichtbar.

Willst du im Leben glücklich sein,

dann kehr bei dir ein.

**Hören lernen,
spüren lernen.**

Die Quelle des Glücks

wohnt in dir.

Probiers.

Einkehr

So viele Jahre haben wir anders gelebt
und viele machen sich ihn noch zu Nutze,
diesen alten Weg.

Weißt du nicht,
wer du bist,
was alles so in dir steckt?
Erinnere dich,
sonst ziehen andere ihren Nutzen daraus.
Spürst du dies auch?

Erlebst du selbst,
dass dich so manches Mal jemand über den
Tisch zieht,
mit schönen Worten, vielleicht noch mit einem
Lächeln im Gesicht?

Und in dir - ja da peitscht die Gischt.

Du ärgerst dich,
fühlst dich ausgeliefert und klein,
„muss ja Geld verdienen-
bin abhängig -
muss wohl so sein."

Gesellschaftliche Konventionen für wen sind
sie gemacht?

Wer zieht die Fäden, wer hat die Macht?

Und deine persönlichen Machtanteile,

wem hast du sie gegeben?

Eben.

Noch einmal.

Willst du glücklich sein im Leben

wo solltest du dann hingehen?

Wie kannst du es anstellen?

Glück liegt für dich allein hinter deiner Tür.

Erspürs.

Auch du

kannst wieder von deinem Glücke kosten,

aber dies geht mit Lernen einher,

dies ist der erste Posten.

Jetzt - wo du darum weißt,

du hast die Wahl.

Alles - auch dies hat - seinen Preis.

Weiter, wie gewohnt in alten Bahnen leben,
dich bestimmen zu lassen,
dich freuen und ärgern,
im Zeitverlauf bilden sich dann körperliche
Symptome heraus.

Man glaubt es sei das Alter,
dass es so was mit sich bringt.
Verschleiß, zu viel gearbeitet, schlechte
Arbeitsbedingungen usw.

Aber, **ist dem wirklich so**?

Wer lässt neue Gedanken in sich hinein?
Kann alles nicht doch ganz anders sein?

Stell dir vor:
du gibst innerlich deine Macht
an Vorgesetzte, Ärzte, ggf. Kirche usw. ab.
Du hörst auf sie und "folgst ihnen auf Trab".

Die Macht,

die du ihnen gibst, sie ist es,

die dich selbst aushöhlt, die dich zerstört.

Entleert, gebrochen laufen so einige Menschen
durch ihr Leben -

schau dich nur um und du wirst sehen.

Und ... so welchen willst nun du dazugehören.

Warum wird so weiter gelebt

und der eigene Wert, das innere Leben mit
Füßen getreten?

Der andere " macht mich nur klein"

wenn ich mich lass -

Es gehören immer zwei dazu.

Steigt einer bewusst aus -

zerfällt das Kartenhaus.

An dir liegt es - wie lange du spielst mit,

wofür du dein Leben gibst.

So frage dich:

Was steht für dich an erster Stelle.?

Mögest du dich doch nur nach innen wenden.

Dort - wohnt ein Schatz

den nur du selbst und allein kannst heben.

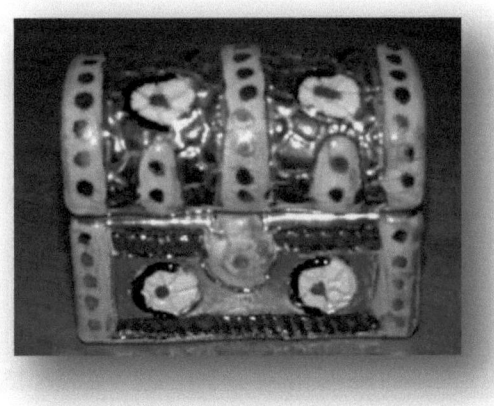

Dieses Innere, dieser Schatz nun,

der lehrt uns alles.

Von außen kann nur darauf verwiesen werden,
erlebt und erfahren,
dass kann er nur von einem jedem persönlich,
innen.

Also: was steht für dich an erster Stelle?
Gewohnheit? Bequemlichkeit? Geld, finanzielle
Sicherheit?

Ja, die Angst hält so manchen in Schach -
auch hier - nur solange - wie du es magst.

Die Wahl hast du.
Das innere Erleben -
es kann sich wandeln im Nu.

Die Entscheidung liegt bei dir allein,
weiter auf
dem ausgetretenen Lebenspfad zu gehen

oder .... was fühlst du,
nach all dem hier Gesagten.

Geh' in dich,
hör auf dein Inneres -
Fühlt sich das Angedeutete gut für dich an?
Ist es erstrebenswert für dich?

Steht dein Lebensglück / -erfüllung über allem,
von ganzem Herzen?
Nimmst du Unsicherheiten dafür in Kauf ?

Wisse -
was du bereit bist jetzt dafür zu geben,
du wirst erleben,
was am Ende dabei herauskommt,
wird all deine Erwartungen übertreffen.

Erdbeben

Schaust du Bilder im Fernsehen an
über Katastrophen, Erdbeben in der Ferne.

Rührt dich dies an?
In welchem Maß ?

Schaust du um dich
und nimmst die Stimmung auf in deinem
Umkreis,
was glaubst du, ist der Stunde Geheiß?

Schau dann nach innen,
spür in dich hinein.
Stehst du auf festem Grund,
mit deinen Überzeugungen, Sinngebungen?
Oder beginnt es auch in dir selbst zu
rumoren?
Will etwas auf-brechen, angeschaut sein,
angenommen sein und neu gewogen
werden?

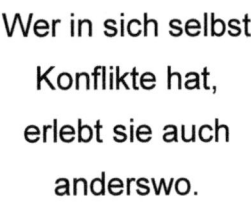

Wer in sich selbst
Konflikte hat,
erlebt sie auch
anderswo.

Wer mit sich selbst
in Konflikt ist,
dem ist es egal wo
er sich befindet.

Du musst selbst
zu der Veränderung werden,
die du in der Welt sehen willst.

Mahatma Gandhi

Eine Seele in mir?

Glaubst du daran? ...

Hast du schon einmal weiter gedacht?
Was das mit der Wirklichkeit,
mit der Wirk-sam-keit macht?

Wenn du es nicht glaubst -
ist es trotzdem so -
nur für dich nicht!

Drum stell dich deiner Seele
erspüre sie ...
was hält dich ab?
Was macht dich so müde?

Bei der Umsetzung   wirst du einen Wandel
spüren.
Nur - willst du es denn?

Oder begnügst du dich, mit dem,
was du tust
und weißt?

Kann nicht alles anders sein,
als du es bislang glaubtest?
Anders, als man es dir sagte?

Komm!

Probiere es aus!

Probezeit

Eine Seele in dir !

Ob du es glaubst oder nicht,
fällt nur alleine für dich ins Gewicht.

Es bleibt doch, so wie es ist.

Die Frage ist mit oder ohne dich.
Dessen bewusst oder unbewusst?

Schon mal an eine Probezeit gedacht?

Eine Entscheidung auf eigener Erfahrung
aufbauen, anstatt auf Mutmaßungen und
Meinungen anderer zu hören, heißt es jetzt.

Wem gehört dein Leben?
Was antwortest du dir selbst?

Nun höre auf dich - dein Inneres.....

Kein anderer weiß, was es zu dir sagt.

Hast du den Mut?

Jetzt?

Dann wag's!

Wer stets
zu spät kommt,
der hat genug
zu tun.

Ver-un-sichert

So viele Überzeugungen,
die dich stets getragen,
kommen ins Wanken,
stellen dich und uns in Frage.

Komm, lass dich darauf ein,
etwas verunsichert zu sein.
Das ist der Weg dich selbst zu erneuern,
willst du es, dein inneres Feuer?

Stellst du dich diesem Ruf frei-willig,
kannst du dessen Rhythmus selbst dosieren.
Verweigerst du dich ihm recht lang,
wisse, so kommt dieser Ruf
mit voller Wucht auf dich zugerannt.

Komm, stell dich den Herausforderungen
dieser Zeit,
deines Lebens!

Trau' dich

Der Weg geht durch dich selbst hindurch.

Fühle, was du ersehnst, was dir gut tut.

Dann, sei selbst dieser Wandel.

Steh zu dir, spüre im Innersten!

Hab Mut.

Nicht, was wir erleben,

*sondern **wie wir empfinden**,*

was wir erleben,

***macht unser Schicksal aus**.*

Marie von Ebner-Eschenbach

Gespenster

Angst vor dem, was in dir ist?
Was in dir steckt?
Was in dir lebt?

Es kommt der Tag,
an dem dein Mut größer ist
als die Angst.
An diesem Tag, **beginnst** du zu Leben,
gehst in dein Leben und
fängst an zu erspüren,
was es ist:
Ich Bin.

Nicht weil es schwer ist,

wagen wir es nicht,

sondern weil wir es nicht wagen,

ist es schwer.

Lucius Annaeus Seneca

Wer sich selbst
zum Esel macht,
muss sich nicht wundern,
wenn auch auf ihm
geritten wird.

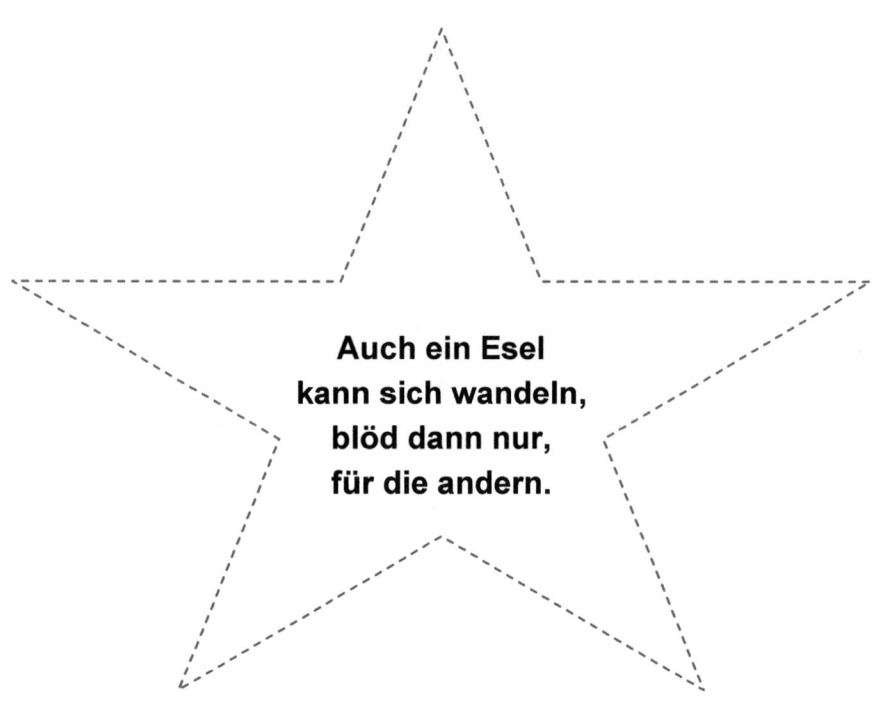

**Auch ein Esel
kann sich wandeln,
blöd dann nur,
für die andern.**

Verlockender Wandel

Sagst du jetzt, nun das wusste ich alles schon.
Dann: worauf wartest du noch?

Die Schritte sind weder schwer noch groß.
Mit Beständigkeit, mit Disziplin werden Wunder
geschehen.

Nicht außerhalb, nein, in dir selbst, dem Anwender,
da fängt der Wandel, das Wunder an.

Die Frage ist,

wie **ehrlich** bist du dir **selbst gegenüber** ?

Nimmst du dein Leben, dich selbst ernst und an?

Achtest und respektierst du dich?

So frage dich:

wie willst du dich selbst sehen und erleben?

So ?

Oder doch lieber so ?

Siehst und erlebst du dich selbst so,
dann fühlst du dich gut und
bist mit dem Leben im Einklang.

Andernfalls, stehe zu dir selbst,

trau dem Leben,

es kann dir so viel mehr geben.

Aber, es liegt allein an dir,

ob du den Weg zu dir selbst gehen willst.

Meins und deins

Welch Stimmengewirr gibt es zeitweise in mir.
Alle Stimmen schwirren durcheinander in
meinem Kopf, hin und her, schon weiß ich gar
nicht mehr,
welche ist meine?

Der Wirrwarr der Stimmen zieht dich kräftig
nach ganz unten.

Wie kommst du nur aus diesem Wirrwarr
heraus?

Anhalten

Ruhig werden

Ruhig sein

Atme .... ja, atme das Leben ein.

Dann spür, ... was sich für dich gut anfühlt.
Einfach: **Fühlen - Handeln.**

Deine erste Pflicht ist es,

dich selbst glücklich zu machen.

Bist du glücklich,

machst du auch andere glücklich.

Ludwig Feuerbach

Be-seelt

Hast du schon einmal darüber nachgedacht:
Warum wir beseelte Wesen sind?
Was macht den Unterschied zwischen beseelt
und unbeseelt aus?

Was ist der Grund,
dass wir eine Seele in uns tragen?

Lebst du mit ihr? Kannst du dich an ihr freuen?
Weißt du, dass sie zu uns spricht?
Kennst du ihre Sprache?
Wann wird es in dir Licht?

Die Seele ist in unseren Körper eingepflanzt,
auf das Mensch und Seele
als ein Team zusammenlebt.

.

Kennst du den Weg,
um dorthin zu gelangen?

Er geht durch dich selbst hindurch,

spüre, höre auf die Stimme in dir.

Die Seele spricht - ja, zu dir.

Ihre Sprache?

Die Gefühle.

Spüre - was macht dich,

was macht dein Herz weit,

was engt dich ein?

Was blockiert deine Lebensenergie?

Willst du lernen, im Fluss der Energie zu sein,

dann spür und höre in dich hinein.

Seelen-kräfte

Du bist der Regisseur

- schreibe deinen Film - !

Wie lange begnügst du dich noch mit
Nebenrollen?

Mit Reinigungsarbeiten und ähnlichem mehr.

Wann ist dein Maß voll?

Wann reicht es dir?

Warum so lange warten?

Richte dich auf. Steh zu dir !

Aktiviere deinen verborgenen Schatz !

Du kannst es !

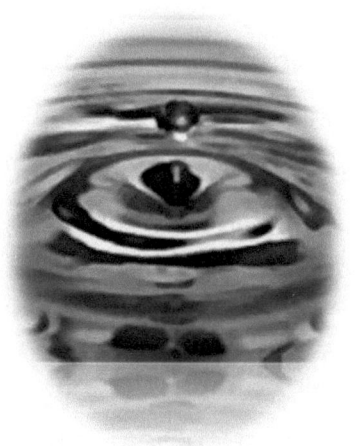

Stolzer Reiter

So manchen plagt des Tages und Lebens Last. Ja es
ist schon fast zu vergleichen mit einer Esels Last.

Hast Du dir schon die Frage gestellt:
worin liegt der Lebenssinn?
Wer kann ihn uns erschließen?

Wer kann uns zeigen,
wie wir unser Pferd besteigen,
wie wir zu stolzen Reitern werden.

Der Reiter lenkt das Pferd,

wohin er reiten will,

zu jedwedem Ziel.

Das Leben ist wie ein Pferd.

Es gilt, es zu verstehen, es zu lenken,

anstatt sich unter seiner Last zu verrenken.

Deine Seele kennt Leben und Reiter.

Sie kann ein Lied davon singen,

wie du **zu einem stolzen Reiter wirst**,

Das Schlüsselloch

Das Leben ist wie ein Schlüsselloch.

Der Schlüssel?

Hast du ihn?

Weißt du, wer der Besitzer ist ?

Der Besitzer des Schlüssel bist du selbst.
Willst du wissen, ob er passt oder
ob er eingerostet ist ?

Was willst du für dich, in deinem Leben?
Jetzt, wo du darum weißt, willst du den Schlüssel
nutzen, wozu er vorgesehen ist?

Ja, mit ihm allein gehst du in Fülle,
Gesundheit und Freude ein.

Glaubst du   -   das dies möglich ist?
Für dich? Erstrebenswert ?

Warum glaubst du, hast du bislang nichts oder
nur wenig davon gehört?

Wo wurden, werden wir alle hingeführt,
unsere Auf-merksam-keit gelenkt ?

Was haben andere davon,
dass wir dessen nicht gewahr werden ?

Was geschieht mit jemandem,
dem seine **Schlüsselrolle** gar nicht bewusst ist?

So wisse - in deinem Leben -
führst alleine du die Regie.
Die Schlüsselrolle ist in dir grundgelegt,
sie gehört dir allein, in deinen "Lebensfilm".

Nutze, genieße sie und
überlass anderen ihre eigene Regie.

So wünsch ich dir
diesen einen **Schlüssel-moment**.

Nur du alleine erspürst ihn.

Hab Mut - steh' zu dir
und du erlebst, wie und was dir gut tut.

Was willst du?

Das größte Geschenk deiner Seele an dich
- was glaubst du -   worin es liegt?

Das sie dich führt, ihren Reichtum mit dir teilen will.

Sie will mit dir, hier in unserer Welt wirken.
Lass dich auf sie ein,
und du wirst es selbst erspüren.

Die Frage ist allein :
was willst du?
Lässt du dich auf sie ein?

Ein - Blicke

Was liegt nur hinter dieser Türe,
was gibt dieses Schlüsselloch darüber Preis?

Doch,
wenn du aus der Ferne auf ein Schlüsselloch blickst -
was macht es?

Zieht dich das Schlüsselloch - **das Innere** -
irgendwann so an,
wenn du einmal davon so fasziniert bist,
egal was außerhalb von dir passiert,
dann richtest du dein ganzes Augenmerk auf dieses
Loch vor dir....
Gehst näher, immer näher, bist du vor ihm stehst!
Dann drück deine Auge fest daran!

Jetzt kannst du einen Blick erheischen,
von dem, was dahinter liegt,
was auf der anderen Seite vor sich geht.

Von diesem unbeschreiblichen Erlebnis
ganz in den Bann genommen,
willst auch du fortan dorthin kommen.

Bist bereit alles daran zu geben,
um dich nur dorthin zu begeben ?

So ist es mit dem **Leben**, dem **wahren**,
- das im **Jetzt** auf dich wartet -.
Komm !
Du bist der Schlüssel.
Nutze ihn!
Und du bist drin
im JETZT.

Jeder Tag
soll und muss einen Sinn haben,
und erhalten soll er ihn nicht vom Zufall,
sondern von mir."

Rainer Maria Rilke

Barbara traf sich heute nach ihrer Arbeit im Krankenhaus mit ihrer Freundin Heike in einem Café. Abgehetzt und gestresst kam sie dort an.

Während der Begrüßung fragte Heike: „Wie geht es dir?"

Barbara begann mit Nachdruck über die Krankenhausleitung zu schimpfen: „Die pressen uns noch aus, wie eine Zitrone. Das Personal wird immer weniger und die Tätigkeiten nehmen zu." Sie wollte zu einem Rundum-schlag ausholen, als Heike sie noch gerade unterbrechen konnte.

„Komm, wir wollen uns erst einmal etwas Gutes gönnen und einen leckeren Kaffee trinken". Dann sagte sie: „Wenn du so weiter machst, frisst dich deine Arbeit noch auf. Bemerkst du, wie viel Raum sie schon in dir einnimmt? Du bist jetzt in deiner Freizeit. Schalte ab, die Arbeit folgt dir ja auf Schritt und Tritt."

„Wenn, dass so einfach wäre," stöhnte Barbara.

Heike fragte sie: **„Hast du schon mal daran gedacht, dir eine andere Haltung zu deiner Arbeit zu eigen zu machen?** Du verlierst dich ja noch selbst vollkommen.

Wer / was ist für dich wichtiger? Deine Arbeit oder du selbst?

Komm, übe, mach' dir eine gesündere Haltung zu eigen. Begegne dir selbst. Geh deinen Weg nach innen .
Es lohnt sich. Komm!

Auf zur Ausgeglichenheit und LEBENSfreude !"

Gleichgewichte

Wer z.B. zu viel arbeitet,

hat auch in der Regel andere Ungleichgewichte.

Er fühlt sich auch so.

Dann wird versucht sich wieder

besser zu fühlen. Der eine versucht es mit

einem guten Essen, der andere mit Alkohol,

wieder ein anderer mit Medikamenten, Drogen
oder......

Es ist wie bei einem Pendel.

Schlägt es zur einen Seite aus

infolge der Schwerkraft,

dann auch zur anderen.

Also.... was ist es bei dir?

Hast du schon einmal daran gedacht,
wer lernt, ins Gleichgewicht zu kommen,
erfährt Gleichgewicht.

Dieser Mensch kommt auch bei sich selber an.

Sag Ja zu dir, so wie du fühlst und bist
und das Gleichgewicht und die Freude
folgen dir auf Schritt und Tritt.

Wie ist dein Lebensgrundgefühl?

Wer sich
selbst liebt,
lebt in Liebe.

Der Schlüssel-gewalt

Nimmt Unzufriedenheit, Unruhe Raum in dir?
Wohin soll mich das noch führen,
was macht das für einen Sinn?

Von außen betrachtet, ist Vieles vielleicht schlimm,
doch weißt du, wo der Schlüssel liegt?
In dir selbst.

Vieles wird getan, um dich, um uns abzulenken,
bis hin den Schlüssel ganz zu verstecken,
ihn abzugeben.

Hinführung in der Erziehung, Kita, Schule und Beruf,
vielfach hin zu dem: was ein anderer uns zuruft.

Auch in der Werbung, beim Konsum, in vielen
Lebensbereichen - Verlangen wird geweckt.

Da nur wenige Außen vor stehen wollen,
laufen viele hier einfach mit.

Je öfter man das dann durchlebt,
kommt bestenfalls einmal ein Punkt,
wo du dich fragst: worum es hier geht?

Spür in dich hinein, woraus handelst du?
Oder - machst du, was andere dir vorgeben?
Im letzten Fall: deine Selbstbestimmung,
sie nutzen sie,
denn du allein gibst sie ihnen.

JA , für all dies
und noch viel mehr bist du der Schlüssel,
willst du Erfüllung, Glück und Gesundheit finden.

**Atme tief ein - füll deine Lungen
das kannst nur du für dich alleine tun.**

**Spüre dich - fühle dich,
achte auf das Leben, was in dir pulsiert.**

Nimm deine Selbstbestimmung zu dir zurück.

Ermächtige dich selbst!

Nutze diesen deinen Schlüssel!

Lass die Sicherheits-, Luftschlösser, Codes und
was weiß ich noch alles.

Was glaubst du, bringt dir dieser Schlüssel?

Aktiviere ihn, nutze ihn!

Ja.... du selbst bist der Schlüssel.

Willst du wissen, was er be - wirkt?
Nutze ihn !

Und Veränderung geschieht.

Nur dir allein, kann es gelingen.

Wag es

und es wird geschehen.

Du wirst es sehen.

Freude

Hast du je etwas Neues ausprobiert?

Erinnerst du dich der Freude,
die daraus strömt?

Drum höre und spüre in dich hinein,
was könnte jetzt Neues
für dich dran sein?

Worin kannst du dich
jetzt weiterentwickeln
und diese Freude
wieder entfachen und fühlen.

Die Seele
nährt sich von dem,
worüber sie sich freut.

Aurelius Augustinus

Fühlen

Handeln.

Der Schlüssel-Code

Was glaubst du, ist das Schlüsselloch?
Was siehst du dadurch? Wo führt es dich hin?

Durchs Schlüsselloch - durch dein Inneres - schauend,
siehst du das Leben wie es wahrhaft ist.

Dein Verstand - dein Gegenpart -, erklärt dir alles so,
wie du es bereits seit langem kennst.

Inneres und Verstand gilt es zu respektieren,
zu einen.

Wisse, du bist der Schlüssel.
Aktiviere ihn!

Der Code ist:

Ehrlichkeit,
Respekt,
Achtung.

Aktiviere den Schlüssel und du wirst bemerken,
es ist ein ständiges hindurchgehen.
Immer wieder zurück in's   JETZT.
bis du da bist..... und erspürst: ICH BIN.

82

Wiederbelebung deiner Lebensgeister

Lebensgeister gibt es in einem jeden von uns.

Weißt du, wo und wie du sie erleben kannst?

Trinke aus deiner eigenen Quelle;
trau' dich,
hör auf dich und
steh' zu dir!
Und du wirst sie finden und spüren .....
innen drin.

Seelenkraft
Tu doch - was dir Freude macht

Egal - wenn die Welt sich anders bewegt.

Wichtig ist -

dass du zu dir selber stehst.

Soll sich die Kraft in dir mehren?

Wünsch es dir. Lebe so, als ob

der Wunsch bereits erfüllt ist.

Es tauchen dann die Schatten auf,

die dich bisher davon abhielten.

Stell dich ihnen,

schau die Schatten an,

und sie verlieren ihren Bann.

So findest du den Weg zu deiner Quelle.

Komm, **trink daraus! JETZT!**

Wer das Ziel kennt, kann entscheiden.

Wer entscheidet, findet Ruhe.

Wer Ruhe findet, ist sicher.

Wer sicher ist, kann überlegen.

Wer überlegt, kann verbessern.

Konfuzius

Kostbare Momente

John sitzt alleine auf einer Parkbank. Es ist ein herrlicher, sonniger Tag. Die Blumen blühen ringsum und die Vögel zwitschern. Doch er selbst ist geknickt, traurig, denn seine Freundin hat sich von ihm getrennt. Er versteht die Welt nicht mehr.

Sein Blick fällt auf einen Vogel, der auf seinen dünnen Beinchen auf ihn zu springt. Er scheint ihn anzupiepsen. John ist ganz erstaunt. Das Erstaunen wuchs umso mehr, als er eine kleine piepsige, fragende Stimme vernahm, „Warum bist du so traurig ?"

Spinn ich schon, oder? so fragte sich John, seinen Blick auf den Vogel gewandt. Dieser piepste weiter: „Ja du hörst schon richtig." John vernimmt eine feine Stimme, die nun sagte: „Ich rede zu dir und du hörst mich."

John nickte befremdlich. „Warum verstehe ich dich?", fragte sich John und ohne zu überlegen, hatte er diese Frage auch laut gestellt. Der Vogel antwortete ihm: „Zum einen, weil du dich gerade auf einer Erlebnisebene befindest, die dies ermöglicht und zum anderen, weil ich es will."

„Also, warum bist du so traurig?" fragte ihn der Vogel.

John antwortete ihm: „Weil eine jahrelange Beziehung mit meiner Freundin zerbrochen ist. Zum Schluss haben wir uns oft gestritten und letztendlich sind wir jetzt auseinander."

„Oh, dann befindest du dich jetzt in einem sehr kostbaren Moment", fügte der Vogel an.

„Kostbar?" fragte John; „Es tut schon sehr schön weh", erwiderte er.

„Ja und dennoch ist dieser Augenblick sehr kostbar, gerade deswegen, da du dich doch in eurer Beziehung so geöffnet hast, tut dies so weh. Gleichzeitig ist diese Erfahrung so kostbar für dich.

Hinzu kommt, du stellst dich dieser neuen Situation. Du stellst dich dieser Situation, du stellst dich dir selbst."

„Ja", erwiderte John, „aber mir geht gerade so viel durch den Kopf und durch mein Herz."

Der Vogel nickte. Dabei wippte sein Schwanz nach oben. Schon etwas seltsam so durchfuhr es John. Jetzt sitze ich hier und unterhalte mich mit einem Vogel. Aber gleichzeitig spürte er, dass das ein einmaliger, ein besonderer Moment war, ein Geschenk an ihn.

Der Vogel fuhr fort: „Weißt du eigentlich, dass Alles einen Sinn ergibt, dass diese Erfahrung, in etwas Größeres eingewoben ist?"

John schaute ihn etwas verstört an. Schüttelte seinen Kopf - so als wenn er antwortete: weiß nicht und fragte ihn, wie er das meine?

„Nun entwicklungsbedingt gesehen", begann der Vogel.

„Entwicklungsbedingt" ?, wiederholte John fragend.

Der Vogel nahm tief Luft und antwortete: „Ja weißt du denn gar nicht, warum du und die Menschen hier auf der Welt sind?"

„Um zu leben", antwortete John.

„Und wie und wozu?" fragte der Vogel. „Hast du dir schon einmal darüber Gedanken gemacht? Eigenständige? Hast du **eigene Antworten** auf das Leben, auf dein Leben ge**such**t und ge**funden**?"

John schaute ihn verdutzt an und überlegte: bislang hatte er vieles einfach so übernommen, vieles was ihm früher seine Familie, später die Lehrer und jetzt die Gesellschaft übermittelt hatten.

Der Vogel erriet seine Gedanken und fragte ihn: „Und, was hat die Gesellschaft dir vermittelt? **Dass du etwas Kostbares in deiner Mitte trägst** und das es gilt, **dieses Kostbare in dir zu erfahren**, es in dein Leben einzulassen. Mehr noch, mit ihm zu leben?"

„Wovon sprichst du?", fragte ihn John.

„Oh", erwiderte der Vogel. „Hast du je davon gehört, dass in dir ein tiefes, inneres Wissen schlummert, ein Kern, eine Seele, die in dir lebt?

Schau, die Seele wurde vor der Geburt in einen jeden von uns eingepflanzt. Dein Körper ist mit der Zeit gewachsen und deine Seele, dein Bewusstsein über sie?, ist sie/es auch gewachsen?"

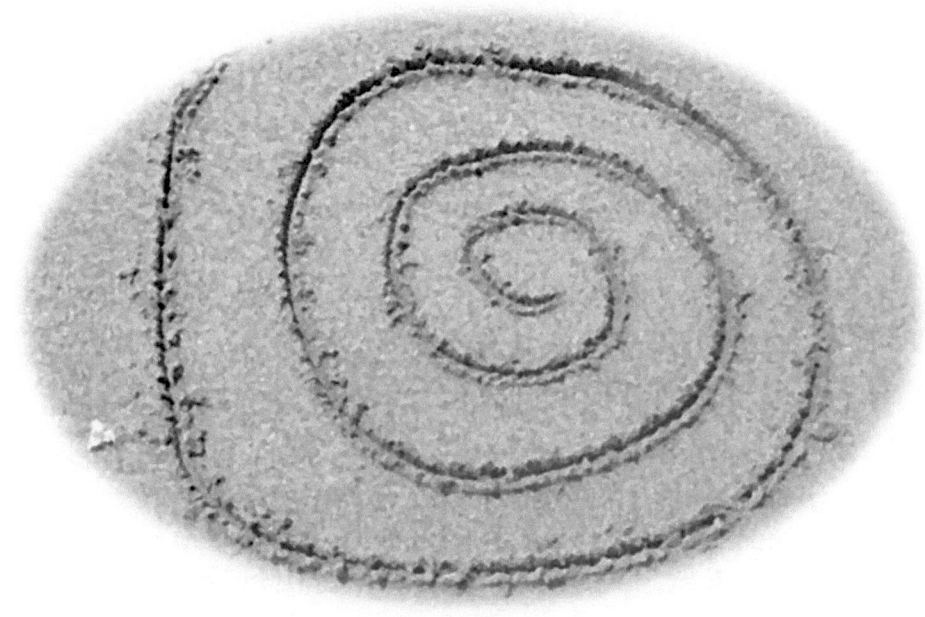

John dachte nach: „Mhm, die Menschen, die in die Kirche gehen, glauben an eine Seele, die in ihnen wohnt. Vielleicht auch manch andere Religionsanhänger, Esoteriker und so".

„**Und du**?", fragte ihn der Vogel direkt.

Ja, woran glaube ich?, erkannte und fragte sich John jetzt.

„Lass dir Zeit", antwortete ihm der Vogel.

Weißt du, die Entwicklung geht vor sich. Wir sind gerade an einem schönen, wichtigen Punkt, wo viele Menschen sich wieder auf den Weg zu einer Begegnung mit sich selbst aufmachen wollen. Einige wenige sind bereits aufgebrochen.

Wisse, **Entwicklung geschieht**.

Entscheidend für einen jeden ist, ob er daran teilhaben will, bewusst. **Wichtig**er als das, was derzeit in der Außenwelt geschieht - die Kriege, Klärungen und vieles mehr, ist, **was derzeit in einem jeden von uns geschieht,** was sich dort im Innern eines jeden vollzieht.

Bewusstes Sein entwickelt sich.

Es setzt voraus, dass du dich bewusst für deine innere Entwicklung entscheidest und aktiv, selbstbestimmt dein Leben gestaltest.

Wer soll denn dein Leben leben, wenn nicht du?

Also, entscheidend für dich ist, ob du dich darauf einlässt.

John hatte interessiert zugehört und fragte zu seinem besseren Verständnis, „Das heißt in mir wohnt eine Seele - meine Seele -, die mir einiges zeigen kann? Die mit mir bewusst leben will?"

Der Vogel nickte zustimmend und hopste froh im Kreis, wobei er selbst einen großen Kreis auf den Weg zeichnete. Dann pickte er mit seinen Schnabel einen kleinen Kreis in den großen hinein.

„Was soll das bedeuten", fragte ihn John.

Der Vogel antwortet: „Diese Kreise, das bist du. Der große Kreis ist angefüllt mit all dem, was du im Laufe der Zeit von außen mit übernommen hast. Gesellschaftliche Konventionen, Meinungen, Mode u.s.w.. Der kleine Kreis ist deine Seele, die in dir lebt. Hier wohnt all das Wissen der Welt, Freude, Gesundheit und vieles mehr. **Sie ist das Kostbarste was ein Mensch besitzt.**

Bist du dir deiner Seele bewusst, kannst du mit ihr in Kontakt treten und zu dem Punkt gelangen, gemeinsam mit ihr zu leben.

Weißt du, was das Ziel des Lebens ist? "

John schüttelt den Kopf.

„Nun, das Ziel des Lebens, deines Lebens ist, dich selbst zu erkennen. Erkenne, erlebe, wer du im Grunde deines Wesens bist und mit diesem Grund - mit deiner Seele - gemeinsam bewusst zu leben."

„Aber, wie höre ich meine Seele, wie kann ich sie verstehen", fragte John.

"Durch Gefühle," antwortete der Vogel: „fühle und handle."

Ehre und achte dich, die andern folgen dir.

„Probiere mal, an jedem Abend dir etwas Zeit für dich selbst zu nehmen. Reflektiere z.B. 3 Dinge, die dir an diesem Tag besonders gut taten und welche gute Gefühle in dir hervorgerufen haben.

Danach erspüre drei Situationen an diesem Tag, die unangenehme Gefühle in dir verursachten. So fahre fort Tag für Tag und du wirst erleben, was das mit dir macht.

Komm, das mag für heute genügen.

Lass erst einmal alles in dir wirken.

Probiere die Übung aus. Wenn du Fragen hast, du weißt ja, wo du mich wieder treffen kannst."

Glaube nicht,

du kannst den Lauf der Liebe lenken,

denn die Liebe,

wenn sie dich für würdig hält,

lenkt *deinen* Lauf.

Khalil Gibran, Der Prophet

Auf zu den Sternen

Nach einiger Zeit suchte John erneut den Park auf. Er setzte sich auf den gewohnten Platz und hielt nach dem Vogel Ausschau.

Während des Wartens ließ er nochmal einige wichtige Aussagen vom letzten Mal vor seinem inneren Auge Revue passieren:

- o **Die Frage: Was ist das Ziel meines Lebens?**
- o **Unser Innerstes, unsere Seele ist das Kostbarste, was wir Menschen besitzen.**
- o **Die Seele spricht durch unsere Gefühle zu uns.**
- o **Fühlen, handeln.**

So verging einige Zeit. John war innerlich ruhig. Als er spürte, dass er wieder zurückkehren musste, fand er es schade, dass er den Vogel nicht traf. Gleichzeitig erkannte er aber auch, dass es so gut war. Durch diese Zeit hier im Park hatte sich noch einmal alles mehr gefestigt. Auch die abendlichen Übungen taten das Ihrige. So nahm John sich vor ein anderes Mal wiederzukommen.

Wer sich selbst
respektvoll
behandelt, wird
mit Respekt
behandelt.

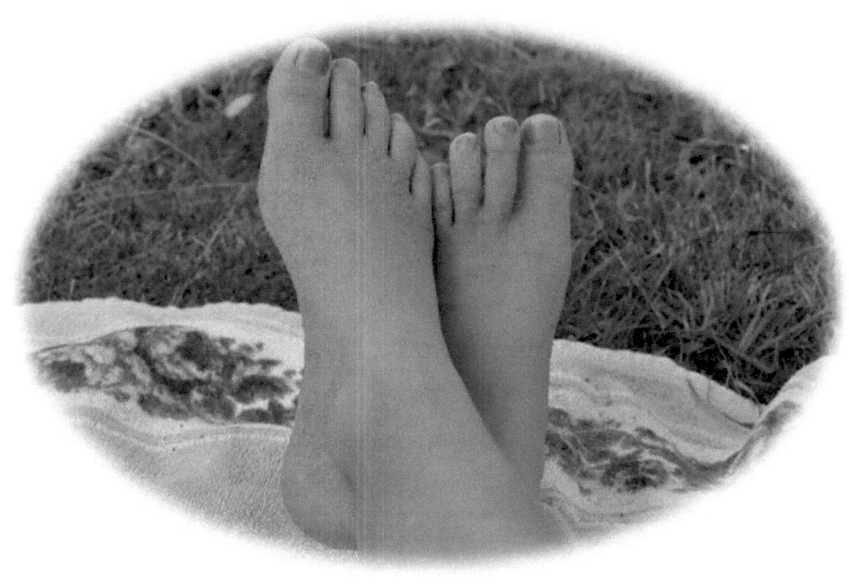

**Du kommst
nicht sauber
ins Reine.**

Elazar Benyoétz

Die Sonne lehrt alle Lebewesen
die Sehnsucht nach dem Licht.
Doch es ist die Nacht,
die uns alle zu den Sternen erhebt.

Khalil Gibran, Sämtliche Werke

Komm mit !

Komm mit,
mach dich auf.
Folge deinem inneren Ruf.
Lass Morast und Unrat
der ganzen Jahre hinter dir.

Komm,
mache dich auf.

Hin zu frischem Wasser,
zum lebendigem Quell.

Hin, zu dir.

Komm,
tritt ein.

Das Reich der immerwährenden Ruhe:
hieraus ergießt sich Reichtum jeglicher Art,
für dich, für mich und für uns alle.

Ruhe ist das Tor.
Worauf wartest du noch,
tritt vor.

Heute treffen sich Barbara und ihre Freundin Heike erneut nach der Arbeit. Das letzte Gespräch hatte noch in Barbara nachgewirkt und hinzukam, eine ihr nahstehende junge Arbeitskollegin war an Krebs erkrankt. Auch das bewegte sie selbst innerlich stark.

Obwohl sie wusste, dass die Krankheit der Arbeitskollegin ein wichtiges Thema für Barbara war, freute sich Heike auf dieses Gespräch. Als Barbara telefonisch einige Andeutungen machte, spürte sie, dass in ihrem Innern etwas aufzubrechen schien.
Nachdem sie etwas zu trinken bestellt hatten, begann Barbara sofort von ihrer Arbeitskollegin zu berichten.
Heike zeigte für den Redeschwall Verständnis und führte an, wenn es einen uns nahestehenden Menschen trifft, macht das auch etwas mit uns selbst. Je näher wir einer Person stehen, desto mehr Wirkung hat dieses Ereignis auch auf uns.

„Und was ist in der Wurzel gleich für alle Beteiligten?" fragte Heike ihre Freundin.

Barbara schaute sie wohl etwas entgeistert an. Heike fragte sie direkt: „Was hast du?" Und weiter hinterfragte sie: „Kannst du dir vorstellen, dass ein und dieselbe Situation Wirkungen auf mehrere Personen, Seelen gleichzeitig haben kann?"

 Barbara zögerte, dachte nach und erwiderte mit einer Frage: „Was denkst du, warum haben wir eine Seele?"

Heike schaute Barbara an und antwortete: „Nun, ich glaube, dass die Seele hier in unserem Körper ist, um sich zu vervollkommnen, um Erfahrungen zu sammeln, um etwas zu lernen hier in diesem Leben mit dem Menschen gemeinsam, in dem sie wohnt."

„Aber wenn der Mensch gar nichts davon weiß?" fragte Barbara interessiert.

„Dies scheint wohl oft der Fall zu sein, aber die Seele ist trotzdem hier in unserem Körper und sie versucht sich auch dem Menschen, uns mitzuteilen", erwiderte Heike.

Barbara schaute skeptisch: „Wie die Seele spricht zu mir, zu uns? Da hätte ich doch wohl etwas mitbekommen! Oder?"

Heike schaute sie lächelnd an und erwiderte ihr: „Du fühlst? Du kannst fühlen?"

Barbara bejahte diese Frage.

Da jubelte Heike und resümierte: „Also deine Seele spricht zu dir!"

Barbara schaute sie nun vollends ungläubig an. „Was willst du damit sagen?" fragte sie. „Meine Seele spricht zu mir durch meine Gefühle?

„Erraten", antwortete ihr Heike.

Barbara schaute total erstaunt und rief aus: „Und was mach ich jetzt mit diesem Wissen? Ich weiß nun, dass die Seele sich mir durch meine Gefühle mitteilt?

Wie soll ich damit umgehen?

Und vor allem, wozu das Ganze?"

„Wozu? Nun, die Seele will Erfahrungen sammeln, mit dem Menschen gemeinsam".
Um der Frage nach dem Wie vorzugreifen, antwortete Heike: „Das ist ganz einfach. Fühlt sich etwas für dich gut an, dann ist es für dich, für deinen momentanen Lebensabschnitt und -situation stimmig."

Barbara fragte neugierig: „Und wenn sich etwas nicht so gut für mich anfühlt? "

„Dann solltest du hellhörig werden und spüren, was diese Gefühle in dir auslösen, was sie dir mitteilen möchten.
Wenn du auf deine Seele hören magst - die ein tiefes inneres Wissen hat -, solltest du eine Änderung suchen," erklärte ihr Heike.

„Wieso sollte ich?", fragte Barbara.

„Wenn du willst, dass es dir gut ergeht im Leben, denn die Seele wohnt nicht ohne Grund in uns. Hast du dir schon einmal darüber Gedanken gemacht?

Sie ist der Sitz aller Weisheit. Sie kann uns führen und leiten. Wenn wir uns von ihr führen und leiten lassen, ist es der sicherste Weg zu unserem Innern, zu unserem Glück, zu der Quelle des Lebens zu gelangen, die unaufhörlich in uns sprudelt, zu Gesundheit, zu Erfüllung und was weiß ich noch alles", rundete Heike ihre Ausführungen ab.

Hier schließt sich der Kreislauf. Wenn ein Mensch nicht um die Sprache der Seele weiß, achtet er auch nicht so darauf oder will vielleicht auch nicht auf sie hören. In solchen Fällen wird die Seele etwas lauter, sie will sich Gehör verschaffen und versucht das mittels des Körpers, in dem sie wohnt. Sie beginnt sich bemerkbar zu machen und bildet dazu einige körperliche Symptome heraus. Hier und da erscheinen zunächst kleine Krankheiten usw..

Barbara staunte: „Dann ist eine Krankheit im Grunde dafür da, dass wir in uns gehen, hören und schauen, was die Seele uns mitteilen will?"

Heike grinste etwas und nickte: „Mhm, darum geht es. Im Einklang, im Miteinander mit unserer Seele zu leben, dies hält uns auch gesund".

Barbara ist davon ganz angetan und will sich noch einmal vergewissern: „Im Falle der Arbeitskollegin oder anderer kranker Menschen, verkürzt gesagt: wenn die Krankheit wegen - sagen wir mal - wegen irgendeiner nicht angeschauten 'Fehlhaltung' - sich ausbildete, wenn man dann stehen bleibt, in sich geht und es irgendwann zu einer Korrektur kommt, dann kann diese Krankheit wieder gehen?"

Heike antwortete ihr diesmal mit einer Gegenfrage: „Hast du schon mal davon gehört, dass es manchmal zu Spontanheilungen kam. Oder, wie es bei manchen Krebspatienten vorkommt, wenn sie die Chemotherapie und alles durchlaufen haben, dass einige Menschen verändert aus dieser Krankheit hervorgehen. Sie gestalten fortan ihr Leben anders. Sie haben durch die Krankheit eine andere Haltung zum Leben erfahren.

Wieder andere leben genauso weiter wie zuvor.

Barbara bewunderte Heike, dass sie auf alles eine Antwort hatte und fragte sie neugierig:

„Und du, woher weißt du das alles?"

"Aus Erfahrung".... antwortete ihr Heike lächelnd.

Beide blieben noch eine Weile schweigend beieinander und ließen das Gesagte und die Gefühle nachklingen. Beide waren dankbar für diese schöne, tiefe und ehrliche Begegnung.

Barbara sagte dann zum Abschluss: „Na, dann will ich mal probieren zuzuhören, was mir mein Inneres zu sagen hat."

Heike lachte und freute sich.

Gesundheit

ist weniger ein Zustand
*als **eine Haltung**,*
und sie gedeiht
mit der Freude am Leben."

Thomas von Aquin

Mit anderen Augen sehen

John befand sich erneut im Park. Er spürte, dass es ihm gut tat, sich in der Natur aufzuhalten. Vielleicht traf er heute auch seinen gefiederten Freund wieder. Er setzte sich auf eine Bank, schloss seine Augen und ließ sich von der Sonne bescheinen.

Plötzlich hörte er ein Piepen. Beim Öffnen seiner Augen sah er seinen Freund wieder. John freute sich. „Hallo!", begrüßte er ihn freundlich. „Ich war schon einmal hier und habe dich nicht gesehen."

Der Vogel hüpfte vor ihm auf seinen Beinchen hin und her und schaute John dabei an. Dann fragte er ihn: „Wie geht es dir? Was hast du so in der Zwischenzeit gemacht?"

John teilte ihm mit, dass es ihm etwas besser gehe und dass er auch diese Übung vom letzten Mal jeden Abend praktiziere. „Danke, sie hilft mir, mich und das Geschehen um mich herum bewusster wahrzunehmen."

Der Vogel nickte. Dabei wippte wieder sein Schwanz in die Höhe. „Hast du schon das Kostbare an all dem Geschehenen herausfiltern können?" fragte er John.

„Was meinst du?" erwiderte John.

„Bei unserem letzten Treffen sagte ich dir, dass du durch diesen empfundenen Schmerz dich in einem kostbaren Moment befändest, der gleichzeitig in etwas Größeres eingewoben sei. Erinnerst du dich?"

Dieses Mal nickte John. „Aber, was meinst du damit? fragte er seinen gefiederten Freund.

„Du hast deine Freundin gern gehabt?", fragte ihn der Vogel. John bejahte dies.

„Nun, die Liebe lässt etwas in jedem Menschen, auch in dir erklingen, deine zartesten, tiefsten Gefühle, die aus deinem Innern fließen. Was denkst du, wer diese Saiten in dir zum Klingen brachte? Deine Freundin?

Wessen Saiten klangen damals und klingen auch heute?"

„Ja, aber jetzt bin ich doch noch etwas traurig und verstört", antwortete ihm John.

„So empfindest du jetzt. Aber kannst du dich folgender Sichtweise gegenüber öffnen?", fragte ihn der Vogel.

„Bislang war dieses Gegenüber deine Freundin. Gemeinsam habt ihr Schönes erlebt. Durch sie bist du zu den Tiefen deines Seins vorgedrungen und sie zu den ihren. Ja, in einem jeden von euch hat sich etwas Herrliches, Kostbares vollzogen.

Und jetzt, was denkst du, wer ist jetzt der wichtigste Mensch in deinem Leben, John?" fragte ihn sein Freund.

John überlegte und äußerte: „Bislang dachte ich immer meine Freundin".

Sein Freund fragte ihn geduldig weiter: „Durch wen erlebst du alles, was du erlebst? In wem fühlst du?"

„In mir", antwortete ihm John.

„Wer also ist der wichtigste Mensch in deinem Leben?", fragte ihn sein Freund erneut.

John schaute ihn erstaunt an , und antworte zögerlich und fragend: „Ich"?!

Der Vogel hüpfte vergnügt piepend vor ihm hin und her, glücklich, dass John endlich die Antwort gefunden hatte. „Ja", rief er aus.

„Du bist der wichtigste Mensch für dich in deinem Leben. Durch die wahre Liebe dringen wir in diese Tiefen unseres Seins vor. Etwas zupft an den Saiten der Achtung, des Respektes, des Stolzes in uns und lässt eine herrliche, sanfte Melodie erklingen. In ihr fühlen wir uns gut, unser Herz, unser Sein öffnet sich mehr und mehr, so viel wir fassen können. In diesem Zustand fühlen wir uns, als wenn uns alles gelänge, wir fühlen uns eins mit allem was ist.

Wisse: wichtig und **bedeutend ist** für dich, **was an und in dir geschieht**. Du kannst nur in dir selbst dich und die Welt erleben. Ein anderer wird es wieder in sich selbst erleben.

Kommt jetzt eine Trennung - warum auch immer - empfindet so mancher, dass jetzt alles verloren sei.

Weit gefehlt. **Hier ist der kostbare Moment**. Das, was in und an dir geschah, will jetzt selbst als dein Vermächtnis erspürt und bewusst angenommen sein. **Das, was in dir wachgerufen wurde, das bist du selbst**. Keiner kann es dir nehmen. Keiner kann dich dir selbst wegnehmen.

So achte, respektiere und liebe dich selbst, denn mit dir bist du ein ganzes Leben unterwegs.

So, das mag für heute reichen." John bedankte sich. Sein gefiederter Freund hob zum Gruß einen Flügel und schwang sich in die Lüfte.

114

**Wir empfangen die Weisheit nicht,
wir müssen sie für uns selbst
entdecken,
im Verlauf einer Reise,
die niemand für uns unternehmen
oder uns ersparen kann.**

Marcel Proust

KOSTBARES

Wo würdest du dein Kostbarstes aufbewahren?

Dort wo es jeder sofort finden kann?

Wem willst du es zeigen, mit wem es teilen?

Was glaubst du, wie verhält es sich

mit dir und dem Schöpfer ?

Glaubst du, dass etwas Kostbares in dir lebt ?

Dass es dir stets zu Diensten ist ?

Spürst du es, wo ist es aufbewahrt ?

Schaust du in die Natur, in vielen Blumen befindet sich das Kostbarste oft in der Mitte und wie verhält es sich nun bei dir und bei mir?

Du bist es

Du hast es in dir - stets.

Es lebt,

es atmet in dir.

Erspüre es - fühle, handle.

Geh hin von einer Erkenntnis zu anderen.

Oh, so ist es,

hätt ich dies nur eher erkannt,

wär ich so manches Mal nicht hier und dorthin gerannt.

Egal - STOP -

was zählt im Moment allein -

ist jetzt - bei mir zu sein.

Den Ruf meiner Seele in mir zu hören, ihm zu folgen.

Ja - ein Leben gemeinsam mit ihr

und es wird immer heller in mir.

„...wisse,

Dein Licht in dir, es gehört dir allein.

Schütze und mehre es.

Du   allein   bist   ver-ant-wort-lich

für dein Licht.

Ich - für meins - jeder für seins.

Der Schein hüllt uns dann alle ein.

So mach dich auf zu deinem Licht,

nimm weg was diesen Schein verdeckt.

Lass dies im Moment deine Auf-gabe sein

& wärme dich bei Zeiten in seinem Schein.

Dein inneres Licht,

lass es leuchten in dir.

Fühl - was es mit dir und der Welt macht.

Ja , fühle, handle .... wandle.“